Fosgailte –
Toilichte d'fhaicinn!

Do Kathryn
A choisinn gach sàr reòiteag air Sràid nam Mìlsean
airson gach comhairle a thug i dhomh agus a' giùlan
leam thar nam bliadhnachan! C.S.

Do Onno, Penelope, agus Ian, agus 's e na blasan
reòiteig as fheàrr leothasan, mango, cnò-pheacain
agus seòclaid dorch.
N.O.

A' chiad fhoillseachadh ann an 2016 le Leabhraichean Chloinne Scholastic
Euston House, 24 Sràid Eversholt, Lunnainn, NW1 1DB   Roinn de Scholastic Eàrr.   www.scholastic.co.uk
Lunnainn - New Iorc - Toronto - Sydney - Auckland - Baile Mexico - New Delhi - Hong Kong
1 3 5 7 9 10 8 6 4 2
© an teacsa Bheurla Chae Strathie, 2016   © nan dealbhan Nicola O'Byrne, 2016
Tha Chae Strathie agus Nicola O'Byrne a' dleasadh an còraichean a bhith
air an aithneachadh mar ùghdar agus dealbhaiche an leabhair seo.

A' chiad fhoillseachadh sa Ghàidhlig an 2017 le Acair Earranta
An Tosgan, Rathad Shiophoirt, Steòrnabhagh, Eilean Leòdhais HS1 2SD
info@acairbooks.com   www.acairbooks.com
© an teacsa Ghàidhlig Acair, 2017
An tionndadh Gàidhlig le Dolina NicLeòid. An dealbhachadh sa Ghàidhlig le Mairead Anna NicLeòid
Tha Acair a' faighinn taic bho Bhòrd na Gàidhlig.
Fhuair Urras Leabhraichean na h-Alba taic airgid bho Bhòrd na Gàidhlig
le foillseachadh nan leabhraichean Gàidhlig Bookbug.
Chuidich Comhairle nan Leabhraichean am foillsichear le cosgaisean an leabhair seo.
Gheibhear clàr catalog CIP airson an leabhair seo ann an Leabharlann Bhreatainn.
LAGE/ISBN 978-0-86152-452-5   Clò-bhuailte ann an Sìona

Bidh
GOIRIOLA
AG ITHE
BHANIOLA

Air a' sgrìobhadh le
Chae Strathie

Dealbhan le
Nicola O'Byrne

acair

Sìos **Sràid nam Mìlsean** gabhaidh sinn cuairt.
An sin tha àit' iongantach làn nithean ion-mhiannaichte.

Bùth loma-làn de reòiteagan blasta –
Reòiteagan rìomhach a dh'fhàgas gàir' air gach pàiste.

Tha **Ruairidh Beag Reòiteig** le cliù os cionn chàich
Nì e reòiteagan àlainn is bi gach blas gu do CHÀIL!

Air là brèagha samhraidh,
dh'fhosgail Ruairidh an doras
Is a-steach le fruis –
còig ainmhidhean le acras.

An toiseach le bìog thuirt
an luch ri Ruairidh,

"Mas e do thoil e,
's e mo mhiann-sa reòiteag
na càise guirme."

Nis, do luchagan beaga glasa,
bhiodh sin glè chàilear,
Ach cha robh càch idir ag iarraidh
reòiteag le droch fhàileadh.

A dh'aindeoin droch fhàileadh,
bha Ruairidh cho sona,
bha reòiteag chàise aig an luch
ann am priobadh na sùla.

Cò an uair sin a thàinig ach **cat striopach a' bhàta**,
le phluicean ribeagach is air a cheann bha ad bhàna.

Ars esan "Mar a h-uile cat bàta, tha mo mhiann-sa sa chuan.
An dèidh truinnsear de reòiteag èisg nì mise dhut duan!"

Ged nach còrdadh e riutsa,
bha Ruairidh cho sona,
Bha reòiteag èisg aig a' chat
ann am priobadh na sùla.

'S e a' chearc a bha rithist,
"Gabhaidh mise còn làn bhoiteagan -
Chan eil càil as fheàrr leamsa
na luasgadh nam reòiteag."

"Tha iad èibhinn a' siabadh 's a' suathadh,
Is a' diogladh mo ghuib gus an tòisich mi gàgail!"

Abair còn ro **mhear**,
ach bha Ruairidh
cho sona,

Bha **reòiteag bhoiteig** aig a' chirc ann am priobadh na sùla.

Thagh a' bhò blas an **fheòir** is nan **neòinean**
le craiteachan beàrnan-brìde ann an glainne mhòr bhrèagha.

"Tha e dìreach moo-rbhaileach!"

Ars ise cho dòigheil,
Ach shaoil le a caraidean uile
Gu robh am blas sin car neònach.

Chuireadh e ortsa **sgàig**,
ach bha Ruairidh cho sona –

Bha reòiteag neòinein aig a' bhoin
ann am priobadh na sùla.

Le breab agus brag ghluais an t-each-aibhne air adhart, dh'iarr e còn làn **puill** – ach bhon ghrèin dè tha tachairt?

"Chan eil mi dol ga **ithe**," thuirt e le gàire. "**Leumaidh mi a-steach ann,**

dìreach mar **amar!**”

Abair **ùpraid** an sin, ach bha Ruairidh cho sona,
Bha reòiteag phuill ga thaomadh ann am priobadh na sùla.

Bha na beathaichean a' seinn, "Ruairidh beag – b' tu an **curaidh!**
Rinn thu a' chùis air **gach** blas chur an cèill."
An sin chualas guth eile le èigh . . .

"Chan eil mis' ag iarraidh
reòiteagan èisg
no boiteagan caola
's e ghabhas mise ach . . .
còn làn bhaniola."

Bha càch den bheachd gun
robh orra cus cabhaig,
bha coltas na b' fheàrr
air còn a' ghoiriola.

Lìon Ruairidh an còn gu mullach an taighe –
Spàin an dèidh **spàin** de reòiteag bhaniola!

Air uachdar chaidh **pronnagan bìodach milis**

is pìosan beaga **seòclaid.**

Is **sabhs tofaidh** steigeach a' sàsachadh gach beathach.

Thàinig osann bho gach neach – An dà shùil cruinn ga ghabhail a-steach,

Agus gu fàbharach dhaibhsan ...